Freiburg

Herausgeber
Joseph Pölzelbauer

Kehrer Verlag

Fotografie
Erich Spiegelhalter

Konzept und
Gestaltung
Joseph Pölzelbauer

CIP-Titelaufnahme
der Deutschen Bibliothek:

Freiburg/Joseph Pölzelbauer (Hrsg.).
Fotos von Erich Spiegelhalter.
Unter Mitarb. von Ulrich Homann.
Freiburg (Breisgau): Kehrer, 1991

ISBN 3-923937-86-5

NE: Pölzelbauer, Joseph [Hrsg.];
Spiegelhalter, Erich [Ill.]

© 1991 Kehrer Verlag KG
Freiburg im Breisgau
1. Auflage
Alle Rechte der Verbreitung,
auch durch Film, Funk, Fernsehen,
fotomechanische Wiedergabe,
Tonträger jeder Art und auszugsweise
Nachdruck sind vorbehalten.
Fotosatz: Kehrer Fotosatz KG, Freiburg
Druck: Kehrer Offset KG, Freiburg
Buchbinderische Verarbeitung:
Walter-Verlag, Heitersheim

Printed in Germany
ISBN 3-923937-86-5

Ulrich Homann

Viele Stopsignale setzen
die Freiburger Alternativen.
Der Kompromiß ist die Variante:
Nicht nur konservieren.

Hinaus vor die Tore,
aber bald auch wieder hinein.
Faszination wohnt da,
wo starke Anziehungskräfte
entstanden sind.

So bleibt Freiburg ein Bilderbuch.
Nicht die Stadt aus einem Bilderbuch,
nicht Puppenstube,
eben eine richtige Stadt.

Und Stadt und Bewohner
brauchen einen Mittelpunkt.
In Freiburg gibt es einen,
wie kaum einen anderen:
das Münster.

Optik hat zumeist etwas Vordergründiges.
In Freiburg geht sie tiefer.
Sie macht Geschichte aktuell
und belichtet Gefühle.

eiburg.

Mehr schön als schick,
belebt und still,
traditionell und unkonventionell,
alt und neu,
offen und zugeknöpft.

Vom Mittelpunkt aus
öffnet sich der Fächer.
In Freiburg ist er alt
und war angegriffen.
Doch er ist nicht zerschlissen.

Schließlich bringt es die Mischung.
In der städtischen Wirklichkeit
ebenso wie in einem Bildband über sie.

Freiburg ist eine Synthese –
was auf die Stadt zutrifft,
trifft vielfach auch auf die Menschen,
die in ihr leben, zu.

Wer leben will,
sucht Auslauf und Geborgenheit.
Er sucht Anregung und Ruhe.
Er findet das in dieser Stadt überall.

Mischung als Katalysator der Ausstrahlung.
Die ansprechenden Komponenten
findet in Freiburg jeder für sich selbst.

Wer Augen hat zu sehen,
wer Ohren hat zu hören,
wer wahrnehmen und genießen kann,
den nimmt die Stadt gefangen.

Aber:
Wo die Koordinaten
als richtig empfunden werden,
hat die Veränderung es schwerer.
Ein Vorteil mit Nachteil.

Urbanität ist es nicht allein,
sondern der Einklang von Stadt
und Umland.
Freiburg, Breisgau, Schwarzwald,
das paßt.

Liegt hier das Geheimnis?

Ulrich Homann

La scène alternative de Fribourg
met beaucoup de signeaux d'arrêt.
Le compromis est la variante:
Non seulement conserver.

Sorti devant les portes
mais bientôt revenu aussi.
La fascination règne
où un grand charme s'est formé.

Ainsi Fribourg reste un livre d'images.
Pas la ville qui sort d'un livre d'images,
ni chambre de poupée,
justement une vraie ville.

Et la ville et ses habitants
ont besoin d'un centre.
A Fribourg il y en a un
comme à peine un autre:
La cathédrale.

De l'optique a pour la plupart des cas
quelque chose de superficielle.
A Fribourg elle est plus profonde.
Elle rend l'histoire actuelle
et expose des sentiments.

Fribourg.

Plutôt belle que chic,
vive et calme,
traditionelle et peu conventionnelle,
vieille et neuve,
ouverte et réservée.

L'eventail s'ouvre du centre.
A Fribourg il est vieux
et il était rongé
mais il n'est pas usé.

Finalement c'est le mélange qui compte.
Dans la réalité de la ville
de même que dans un livre
illustré sur elle.

Fribourg est une synthèse –
ce qui s'applique à la ville,
s'applique souvent aux hommes
qui y vivent.

Celui qui veut vivre,
cherche à sortir et de la sécurité.
Il cherche de l'animation et du repos.
Il en trouve partout dans cette ville.

Du mélange comme catalyseur
du rayonnement.
A Fribourg chacun trouve
pour sa propre personne
les composantes correspondantes.

La ville prend dans ses filets
tout ceux
qui ont leur bon sens.

Mais:
Où les coordonnées
sont ressentis étant juste,
le changement est plus difficile.
Un avantage avec un handicap.

Ce n'est non seulement l'urbanité
mais aussi l'harmonie de la ville
et de ses environs.
Freiburg, Breisgau et Forêt Noire
cela s'accorde.

Est – ce là le secret?

*Ulrich Homann*

*The alternative of Freiburg*
*calls many halts.*
*To compromise means to vary,*
*not only to preserve.*

*Out into the countryside*
*but soon back again.*
*Fascination is to be found.*
*The city acts as a magnet.*

*Freiburg remains a picture book.*
*Not a town out of a picture book,*
*not a doll's house,*
*a real town.*

*The city and its inhabitants*
*need a focus.*
*Freiburg has one*
*beyond comparison –*
*the Cathedral.*

*Visual impressions are often superficial.*
*In Freiburg they go deeper.*
*They make history come to life*
*and illuminate feelings.*

*reiburg.*

*Pretty rather than fashionable,*
*lively and quiet,*
*traditional and unconventional,*
*old and new,*
*open-minded and reserved.*

*A fan opens*
*from the centre.*
*It is old*
*and was damaged*
*but it is not tattered.*

*The mixture is all-important.*
*In the reality of a town*
*as well as in a portrait of that town.*

*Freiburg is a synthesis.*
*This applies to the city*
*as well as to the people living in it.*

*Who wants to live*
*wants breathing space and security,*
*quiet and stimulation.*
*He will find all this everywhere*
*in the city.*

*The mixture as a catalyst of radiation.*
*Everyone is able to find*
*the corresponding elements in Freiburg.*

*Who has eyes to see,*
*ears to listen,*
*who is able to perceive and enjoy*
*is captivated by the city.*

*But:*
*where the coordinates*
*are considered right*
*change meets obstacles.*
*Advantage and disadvantage.*

*It is not only urbanity*
*but the harmony of the city*
*and its surroundings.*
*Freiburg, the Breisgau, the Black Forest*
*form a unique ensemble.*

*Is the secret hidden there?*

8

◀

**Blick vom Belchen über das Wiesental zum Berner Oberland**
Vue du Belchen à travers la vallée de la «Wiese» jusqu'au Bernois
*View from Belchen over the Wiesental to the Berner Oberland*

**Vom Wolfsbuck sieht man über den Flugplatz und den Alten Friedhof zum Münster**
Du «Wolfsbuck», au-delà de l'aérodrome et du Vieux Cimetière, on aperçoit la cathédrale
*From Wolfsbuck one can see over the airport and Old Cemetery to the cathedral*

**Die Oberwiehre und der Bleichen-
dobelkopf**
Le quartier de la «Oberwiehre» et la
colline du «Bleichendobelkopf»
*The Oberwiehre and the Bleichendobelkopf*

9

**Freiburg bei Nacht – ein eindrück-
liches Bild bietet sich von den
Höhen rings um die Stadt**
Fribourg la nuit – une image impres-
sionante s'offre du haut des collines
tout autour de la ville
*Freiburg at night – spectacular views can
be enjoyed from different viewpoints
around the city*

**12** | **Gründerzeitdächer am Werderring**
Toits du temps de la révolution
industrielle lelong du Werderring
*Gründerzeit roofs, Wilhelminien style,*
*Werderring*

**Kaiser-Joseph-Straße am Abend**
La Kaiser-Joseph-Straße le soir
*Evening in the Kaiser-Joseph-Straße*

13

14

**Zeitungsleser in der Innenstadt**
Lecteurs de journaux au centre de la ville
*Newspaper readers in the centre of town*

**Der regulierte Flußlauf der Dreisam zwischen Kaiser- und Kronenbrücke**
Courant contrôlé de la « Dreisam » entre les ponts « Kaiserbrücke » et « Kronenbrücke »
*The regulated flow of the Dreisam river between the Kaiser and Kronen bridges*

**18**

**Eckerker am Historischen Kaufhaus mit dem Wappen der Habsburger, 1530/33**
Partie en saillie anguleuse sur la maison historique «Kaufhaus» portant le symbole de la famille des «Habsburg», 1530/33
*Corner room of the historic Kaufhaus with the Habsburger coat of arms, 1530/33*

**Portal des Alten Rathauses mit Habsburger Bindenschild und Freiburger Stadtwappen, 1558**
Portail de l'ancienne mairie avec les armoiries de la maison de Habsbourg et les armes de la ville de Fribourg, 1558
*Porch of the Old Town Hall with the Freiburg and Habsburger coat of arms 1558*

König Philipp der Schöne von Spanien. Standbild von Hans Sixt von Staufen am Historischen Kaufhaus
Le roi Philippe le Beau, d'Espagne. Statue de Hans Sixt de Staufen à la maison historique «Kaufhaus»
*King Philip of Spain. Statue by Hans Sixt of Staufen on the historic Kaufhaus*

Das 1972 freigelegte und erneuerte Zifferblatt der Uhr am Westturm des Münsters
Le cadran de l'horloge sur la fléche ouest de la cathédrale déblayé et renouvelé en 1972
*The clocks face on the western tower of the cathedral, exposed and renewed in 1972*

21

Jugendstil-Turm des Universi-
tätsgebäudes (Kollegiengebäude I)
von Hermann Billing, 1911 fertiggestellt
Tour dans le style de l'Art
nouveau sur l'édifice de l'Université
(Kollegiengebäude I) de Hermann
Billing, achevée en 1911
*"Jugendstil"-tower of the university
building built by Hermann Billing,
completed in 1911*

**22**

Hohe Priorität hat in Freiburg der öffentliche Nahverkehr – die Stadtbahn erschließt den Westen über ein großes Brückenbauwerk
A Fribourg le trafic de banlieue a une grande priorité – la Stadtbahn désenclave l'ouest à travers une énorme construction de pont
*Public transport is given high priority in Freiburg – newly built tramlines open up the western suburbs via an impressive bridge*

**Häuserfronten im Stil der Zeit**
Façades de maisons dans le style
d'époque
*House fronts in the style of the time*

Silhouette der neuromanischen Pfarrkirche
**St. Johann in der Wiehre**
Silhouette de l'église « St. Johann » au style
néo-romain, située dans le quartier de la Wiehre
*Silhouette of the neo-romanic parish church,*
*St. Johann in the Wiehre town quarter*

**Abendstimmungen**
Impressions du soir
*Evening moods*

**Innenstadt – Einfahrt von der Günterstalstraße her, durch ein Teleobjektiv gesehen**
Entrée au centre ville du côté de la Günterstalstraße, vue au téléobjectif
*The way towards the inner city seen through a tele lens from the Günterstalstraße*

**Handel und Wandel**
Trafic
*The past and present; trade changes*

Die Stühlinger Brücke erschließt den
Freiburger Westen – das Bauwerk ist
ein Wahrzeichen alter Ingenieurkunst
Le pont de Stühlinger désenclave l'ouest
de Fribourg – la construction est un
monument d'art ancien d'ingénieurs
*The Stühlinger Bridge, an outstanding
example of traditional engineering, connects
the western suburbs to the city centre*

**32** Die Bahnlinie Basel–Freiburg–
Offenburg zwischen Wendlingen und
Uffhausen
Voie de chemin de fer Bâle–Fribourg–
Offenbourg entre les quartiers de
«Wendlingen» et «Uffhausen»
*The railway line Basle–Freiburg–Offenburg
between Wendlingen and Uffhausen*

**Das Gewerbegebiet „Haid" bei Nacht**
La zone industrielle de «Haid» la nuit
*The trade area "Haid" by night*

33

**Menschen in Freiburg: Hier leben
jung und alt beieinander – die
Senioren schauen oft den Gauklern
in den Innenstadtstraßen zu**
Des gens à Fribourg: Ici les jeunes
et les vieux vivent ensemble –
les personnes âgées sont souvent
spectateurs des bateleurs dans les
rues du centre de la ville
*People in Freiburg: Young and old
live together in harmony. They elderly
like watching jugglers performing in the
city centre*

**Straßenkomödiant...**
Comédien ambulant...
*A street comedian...*

...und sein begeistertes Publikum
...et son public enthousiasmé
*...and his enthusiastic audience*

Das Theaterfestival – Spielszenen
auf dem Augustinerplatz
Le festival de théatre – scènes sur la
«Augustinerplatz»
*The Theatre Festival, scenes from plays
performed on the Augustinerplatz*

Figurengruppe „Die Lauschenden" von
K. H. Seemann am Konzertsaal der 1984
eröffneten neuen Musikhochschule
Groupe de figures «Die Lauschenden»
(«Ceux qui écoutent») de K. H. Seemann
se trouvant devant la salle de concerts du
nouveau conservatoire, inauguré en 1984
*K. H. Seemann's figures "the Listeners" situated
at the concert hall of the music high school,
opened in 1984*

Aristoteles von C. A. Bermann aus
dem Jahr 1915 am Haupteingang zum
Kollegiengebäude I der Universität
Aristote de C. A. Bermann, crée en 1915,
à l'entrée principale de l'université
*C. A. Bermann's sculptor of Aristotle
situated at the main entrace of the university
lecture building, 1915*

Weibliche Figur von Joachim
**Schnettar auf der Brücke zur neuen**
**Universitäts-Bibliothek**
Figure fémine de Joachim Schnettar
sur le pont qui mène à la nouvelle
bibliothèque universitaire
*Joachim Schnettar's female figure on the*
*bridge to the new university library*

**Fassadenbalkone in
der Erbprinzenstraße**
Balcons de façade dans
la Erbprinzenstraße
*Façade balcony in the
Erbprinzenstraße*

**Verschnaufpause an der Adelhauser Kirche**
Petit repos près de l'église «Adelhauser Kirche»
*A break at the Adelhauser church*

**Junge Frauen**
Jeunes femmes
*Young women*

**Junges Paar**
Jeune couple
*A young couple*

47

**Spiel im Freiburger Bächle**
Jeu dans l'un des «Bächle» de
Fribourg
*Playing in the Freiburger "Bächle"*

**Das Gasthaus „Laubfrosch" im
Mondlicht**
Le restaurant «Grenouille verte»
au clair de lune
*The restaurant "Laubfrosch" by
moonlight*

**Oberwiehre mit Lycée Turenne**
Le quartier de la Oberwiehre avec le
Lycée Turenne
*The Oberwiehre with Luycée Turenne*

**Altstadt mit St. Martin, dem
Münster und der Universitätskirche**
La cité avec l'église St. Martin, la
cathédrale et l'église de l'université
*The old town with St. Martin, the
cathedral and the university church*

**Dächer und Dachgarten in der
Schneckenvorstadt**
Toits et terrasses sur les toits dans la
«Schneckenvorstadt»
*Roofs and roof garden in town*

**Eckhaus Kaiser-Joseph-Straße/Adel-
hauser Straße im Gründerzeit-
Barock**
Maison du coin Kaiser-Joseph-Straße/
Adelhauser Straße dans le style du
baroque des années de spéculation
après 1870
*Corner house Kaiser-Joseph-Straße/
Adelhauser Straße in Wilhelminien
barock style*

Das 1859/61 erbaute Colombi-
Schlößle, heute Museum für Ur- und
Frühgeschichte
Le petit château Colombi – construit
en 1859/61, aujourd'hui musée de
préhistoire
*The Colombi-Schlößle, built in 1859/61,*
*today a museum for primeval and early*
*history*

**Der Mariensteg über die Dreisam**
La passerelle « Mariensteg » à travers
la Dreisam
*The Mariensteg over the Dreisam*

53

**54**

**Zum Schauinsland, dem Freiburger Hausberg, führt eine erst vor wenigen Jahren umgebaute Seilbahn**
Un téléférique, transformé il n'y a que très peu d'années, mène au Schauinsland, la montagne de Fribourg
*A cable railway, which was modernized recently, takes visitors up to the Schauinsland, highest point within the city boundaries (1284 m)*

**Alpenpanorama vom Belchengipfel**
Panorama des Alpes vu du sommet du Belchen
*Panorama of the Alps from the Belchen summit*

**58**

**Wetterbuche am Schauinsland**
Hêtre typique du Schauinsland
«Wetterbuche»
*Beech trees sculptored by wind on*
*Schauinsland*

**Schneefelder oberhalb von Horben**
Champs de neige au-dessus de Horben
*Snow fields above Horben*

60 | **Präsenzgäßle im Februar**
Präsenzgäßle en février
*Präsenzgäßle in February*

**Weiße Nächte in Freiburg**
La nuit au-dessus de la ville enneigée
*Winter nights in Freiburg*

62

**Magnolienbaum an der Lorettostraße**
Magnolia près de la Lorettostraße
*Magnolia tree in the Lorettostraße*

**Biedermeieridylle am Adelhauser Kirchplatz**
Idylle style Louis-Philippe près de la place de l'église
de Adelhausen
*Biedermeier idyl at the Adelhauser church square*

**Brunnen an der Ecke Marienstraße/Dreisamstraße**
Fontaine au coin de la Marienstraße/Dreisamstraße
*Fountain on the corner of Marienstraße/Dreisamstraße*

**64**   **Villa in Herdern**
Villa dans le quartier de Herdern
*A villa in Herdern*

**Bürgerhäuser in der Stadtstraße**
Maisons de bourgeois dans la Stadt-
straße
*Houses in the Stadtstraße*

**Freiburger Straßenschild**
Ancienne plaque de rue de Fribourg
*Freiburger town signs*

**Soldatenfigur am Siegesdenkmal**
Statue de soldat sur le monument de
la victoire
*The soldier at the war memorial*

67

**Hochgotische Wasserspeier
am Langhaus des Münsters**
Des gargouilles haut-gothiques
sur la nef de la cathédrale
*A gothic gargoyle of the cathedral*

68

**Teilansicht des Münsterturms, der um 1340 fertiggestellt worden ist und in seiner Vollendung keinem anderen christlichen Bauwerk nachsteht**
Vue partielle de la tour de la cathédrale, achevée en 1340 environ et qui, dans sa perfection, n'a pas à craindre une comparaison avec aucun édifice chrétien
*Partial view of the tower of Freiburg Cathedral. Completed around 1340 it is second to none among ecclesiastical buildings*

**Freiburger Wochenmarkt**
Le marché de Fribourg
*The Freiburg market*

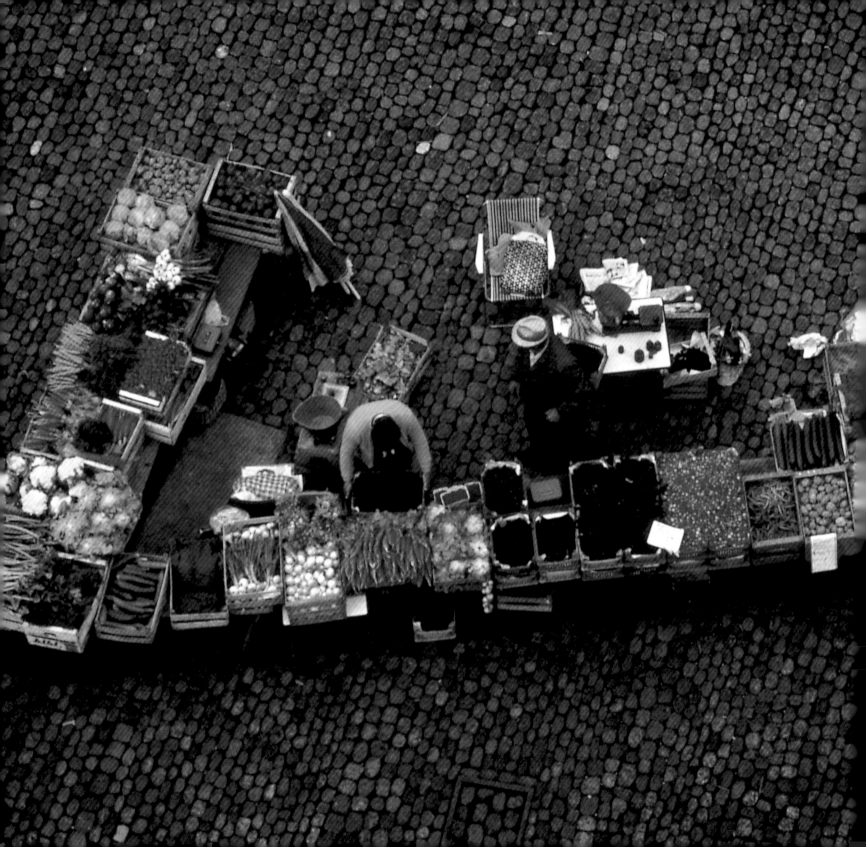

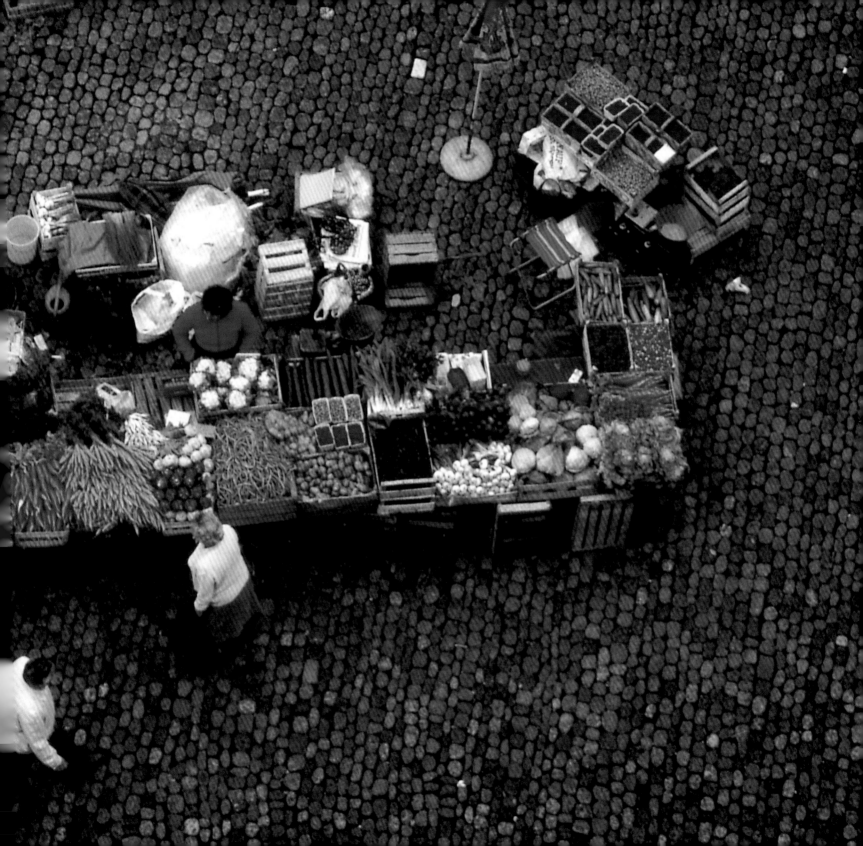

**Im „Deutschen Haus" in der Schusterstraße**
Dans la «Deutsche Haus» dans la Schusterstraße
*In the "Deutsches Haus" in the Schusterstraße*

**Die Kochkunst gehört zur badischen Lebensart**
L'art culinaire fait partie du train de vie badois
*The art of cooking belongs to the way of life in Baden*

**Die Stadt des Weines**
La ville du vin
*The town of wine*

78

**Freiburger Weintage**
Fête du vin à Fribourg
*The wine festival in town*

**Reben am Tuniberg vor den Toren der Stadt**
Vignes au Tuniberg devant les portes de la ville
*Vines on the Tuniberg at the doors to the city*

**Die Landesgartenschau 1986 im
Freiburger Westen**
Exposition horticole départementale
en 1986 à l'ouest de Fribourg
*The garden show which took place in 1986
in the west of Freiburg*

**Architektur und Natur im Seepark**
Architecture et nature au «Seepark»
*Architecture and nature in the park*

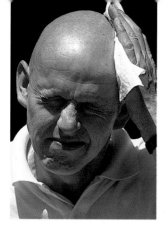

**Ein Boulespieler
voller Konzentration**
Un joueur en pleine
concentration
*A Boules player
full of concentration*

**Unterwegs nach Günterstal**
En route vers Günterstal
*On the way to Günterstal*

**Blick vom Lorettoberg nach Günterstal und zum Schauinsland**
Vue du Lorettoberg vers Günterstal et le Schauinsland
*View from Lorettoberg to Günterstal and Schauinsland*

**Heuernte am Thurner**
Récolte des foins au Thurner
Haymaking near the Thurner

**Höhenlandwirtschaft im Schwarzwald –
das ist gleichzeitig wie hier im Eschbachtal
auch Landschaftspflege**
De l'agriculture des régions élevées en Forêt
Noire – c'est en même temps aussi de l'entretien
des sites – comme ici à la Eschbachtal
*Farming in the Upper Black Forest like in the valley
of Eschbach always means nature conservating as well*

**Bauernhaus in Hofsgrund**
Ferme à Hofsgrund
*A farmhouse in Hofsgrund*

**Seltene Alpensicht vom Freiburger Hausberg**
Rare vue sur les Alpes du «Hausberg»
de Fribourg
*A rare view of the Alps from the Freiburg home
mountain Schauinsland*